D0833548

LES DRAGOUILLES

LES ROUGES DE TOKYO

MAXIM CYR & KARINE GOTTOT

LES DRACOUILLES

LES ROUGES DE TOKYO

ÉDITIONS
MICHEL
QUINTIN

Mot des auteurs

Bonjour à vous, chers amateurs de dragouilleries !

Bienvenue au Japon, le pays du Soleil Levant. C'est dans sa capitale, Tokyo, que nous avons le plaisir de vous retrouver.

Tokyo est la ville la plus densément peuplée du monde. Son agglomération compte environ 36 millions d'habitants. On dit qu'elle est la ville où l'on ne dort jamais. Pour que toute la population puisse vivre convenablement, la ville ne peut pas se permettre de prendre du repos. Certains habitants travaillent le jour alors que d'autres s'affairent la nuit.

La capitale du Japon est aussi fascinante, car la tradition y côtoie la modernité. Alors que les gratte-ciel semblent vouloir grimper toujours de plus en plus haut et que les rues grouillent d'agitation, la culture traditionnelle est toujours présente. La méditation, le zen, l'esthétisme et autres traditions ancestrales teintent encore la vie des Tokyoïtes.

Vos deux explorateurs ont adopté le rythme de vie de Tokyo en restant éveillés jour et nuit afin de pénétrer dans le monde des dragouilles rouges.

C'est avec les yeux cernés jusqu'au menton, le teint blanc comme un lavabo et en bâillant aux dragouilles que nous avons le plaisir de vous présenter le tome 4 de la série.

Alligator !
Oups ! *Arigato* !

- Max et Karine -

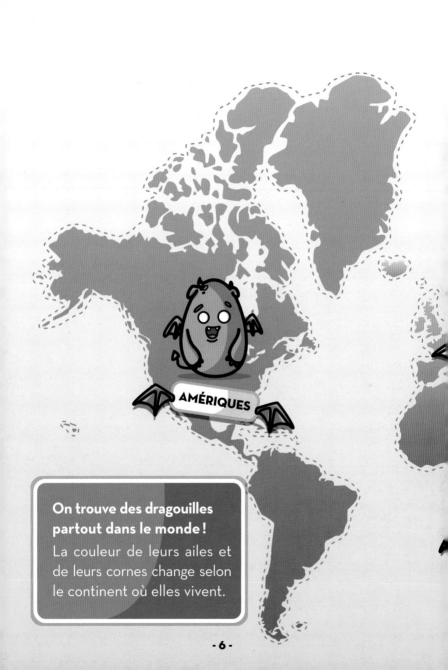

AMÉRIQUES

On trouve des dragouilles partout dans le monde !

La couleur de leurs ailes et de leurs cornes change selon le continent où elles vivent.

EUROPE

ASIE

AFRIQUE

OCÉANIE

VOiCi LES DRAGOUILLES QUE TU VAS RENCONTRER :

LES JUMEAUX

Les jumeaux se croient les pros des jeux de mots. Pourtant, ils sont souvent les seuls à se trouver rigolos !

L'ARTISTE

C'est la plus créative de la bande. Elle dessine partout, même sur sa voisine !

LA BRANCHÉE

Voici la dragouille ultra-tendance. Tellement branchée qu'elle électrise tout sur son passage.

LA GEEK

Cette dragouille a hérité d'un petit extra de neurones entre les deux oreilles. À elle seule, elle fait remonter la moyenne du groupe !

LE CUISTOT

Cette dragouille à toque sait cuisiner bien plus que du riz à la vapeur ! Dâté d'anchois à la sauce poubelle, ça te dit ?

LA REBELLE

La rebelle est la dragouille casse-cou et casse-tout. Elle ne craint rien ni personne. C'est une sacrée friponne !

LES ROUGES

Les dragouilles rouges de Tokyo vivent dans une ville où les humains sont si nombreux qu'elles ont parfois l'impression de vivre dans une immense fourmilière. C'est pour cette raison qu'elles se doivent d'être encore plus discrètes afin de ne pas se faire repérer.

Une chose est certaine, ce ne sont pas les sujets d'observation qui manquent à Tokyo. Les dragouilles rouges mènent une vie trépidante et remplie de surprises.

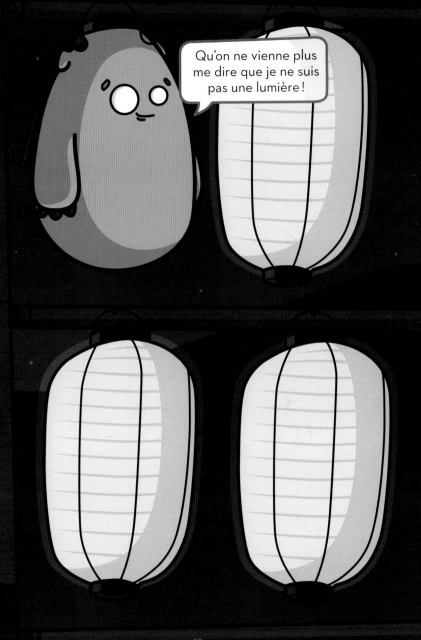

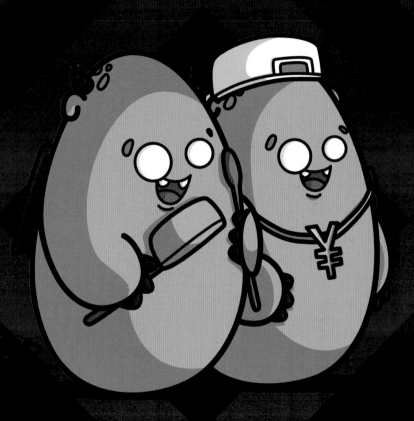

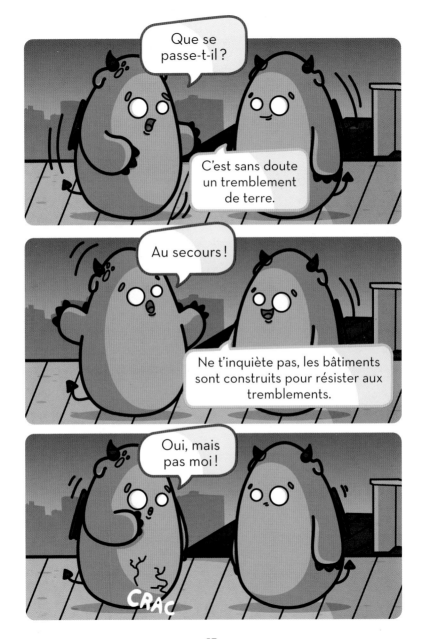

Des rues
sans nom !

IMAGINE UN INSTANT QUE TA MAISON EST CONSTRUITE SUR UNE RUE QUI NE PORTE PAS DE NOM.

Crois-tu qu'un ami qui viendrait te rendre visite pour la première fois aurait de la difficulté à trouver l'endroit où tu demeures ?

À Tokyo, la majorité des rues n'ont pas de nom, à l'exception des grandes rues et des nouvelles avenues. Pour compliquer le tout davantage, les maisons sont numérotées selon un ordre plutôt imprécis. Les adresses des bâtiments sont en général attribuées selon leur date de construction, mais ce n'est pas toujours le cas.

Alors comment fait-on pour se repérer dans les rues de Tokyo ? Eh bien, les Japonais eux-mêmes ont du mal à s'y retrouver. Avoir un plan de la ville ou d'un quartier est un bon départ mais, pour éviter toute hésitation et perte de temps, les Tokyoïtes ont l'habitude de se donner rendez-vous à la gare la plus proche ou près d'un commerce connu.

Les jumeaux adorent regarder les habitants de Tokyo tenter de se retrouver dans la ville. Ils rigolent juste à l'idée que du haut de leurs toits, ils pourraient facilement guider tout le monde vers la bonne maison.

UN JOUR DE FÊTE POUR LES ENFANTS

LE JAPON EST LE PAYS OÙ L'ON CÉLÈBRE LE PLUS DE FÊTES ET OÙ LES CONGÉS FÉRIÉS SONT LES PLUS NOMBREUX.

Le 5 mai, les enfants du Japon sont à l'honneur. À l'époque des samouraïs, cette fête se nommait *Tango no sekku* et ne s'adressait qu'aux garçons. Par ce rituel, on voulait les encourager à être forts et courageux. Aujourd'hui, cette fête s'appelle *Koï Nobori* et elle célèbre tous les enfants. C'est beaucoup mieux ainsi, n'est-ce pas?

Une légende chinoise serait à l'origine de cette fête. Elle raconte qu'une carpe plus courageuse que les autres aurait réussi à remonter le fleuve jaune grâce à sa détermination. Afin d'honorer son courage, les dieux du ciel l'auraient transformée en dragon. Celui-ci aurait par la suite pris son envol, juste au-dessus du fleuve.

Pour la fête des enfants, des *koï nobori* (des carpes-drapeaux) sont accrochés au bout d'un mât de bambou à l'extérieur des maisons. Une carpe noire pour représenter le père, une rouge pour la mère et on en ajoute une pour chaque enfant.

C'est une façon de souhaiter joie, bonheur et prospérité à tous les enfants du Japon !

Est-ce qu'il y a une fête pour les enfants dans ton pays ? Si non, aimerais-tu qu'il y en ait une ? Comment voudrais-tu que les enfants soient célébrés ?

CACOPHONIE

Les jumeaux ont remarqué que, selon la langue parlée par les humains, les sons qu'ils font pour imiter les cris des animaux ne sont pas les mêmes.

Voici quelques différences qui amusent beaucoup les jumeaux.

FRANÇAIS - JAPONAIS

L'OISEAU
CUI-CUI - PII-PII

LE CHIEN
OUAF OUAF - WAN-WAN

LA VACHE
MEUH MEUH - MÔ-MÔ

LE CHAT
MIAOU MIAOU - NYA-NYA

LE COCHON
GROIN GROUIN - BÛ-BÛ

LE MOUTON
BÊÊÊ- MÊ-MÊ

LE CANARD
COIN COIN - GÂ-GÂ

LE PIGEON
ROU-ROU - KURUPPÔ

LE CORBEAU
CROAA CROAA - KÂ-KÂ

L'artiste

Que fais-tu ?

Je me fabrique un
éventail d'éventails !

Le drapeau japonais est blanc avec, en son centre, un cercle rouge représentant le soleil.

Mon frère !

MANGAMANIA

Au Japon, le mot *manga* signifie bande dessinée en général. Ailleurs, cela désigne plus spécifiquement les bandes dessinées nipponnes.

Les Japonais sont fous des *mangas*. Il n'y a pas que les enfants qui s'y intéressent. Les adultes les apprécient aussi beaucoup. Il y en a pour tous les goûts puisque les thématiques proposées sont très diversifiées. Le style et le nom des *mangas* varient selon l'âge du public auquel ils s'adressent. Par exemple : les *mangas* ont un nom différent selon qu'ils s'adressent aux enfants (*komodo*), aux adolescents (*shônen*) ou aux adolescentes (*shôjo*).

Les personnages des *mangas* ont des traits physiques particuliers. Leur visage est triangulaire et leurs grands yeux permettent de bien faire passer l'émotion.

Le dessinateur de *mangas* est appelé *mangaka*. Ne devient pas *mangaka* qui veut. Cela demande beaucoup d'années d'expérience. De plus, cet artiste doit produire une grande quantité de dessins en un temps record. Le *mangaka* doit poursuivre son œuvre tant et aussi longtemps que son histoire plaît à ses lecteurs, et ce, même s'il en a décidé

SUR LE PLAN GRAPHIQUE, LES MANGAS ONT PLUSIEURS PARTICULARITÉS.

1 Ils sont presque toujours en noir et blanc.

2 Ils se lisent de droite à gauche.

3 Le découpage de l'histoire ressemble à celui du cinéma. C'est-à-dire que les cadrages utilisés permettent une décomposition du temps et de l'action.

4 Les onomatopées sont employées en très grand nombre, pour représenter par exemple :
le silence : *shin*
le sourire : *niko niko*
le scintillement : *pika pika*.

LE JAPON EST L'UN DES PLUS GRANDS PRODUCTEURS DE JEUX VIDÉO DU MONDE.

Le principe du jeu *Dance Dance Revolution* est de danser sur une plateforme en essayant de suivre, avec ses pieds, la chorégraphie préenregistrée qui est projetée sur un écran.

Voici les dragouilles qui se font aller la patate !

L'art du pliage

L'*origami* est un art ancestral qui consiste à fabriquer des formes en trois dimensions en pliant plusieurs fois un même morceau de papier carré. Le terme *origami* vient des mots japonais *oru* qui signifie «plier» et *kami* qui veut dire «papier».

L'apprentissage de l'*origami* se fait de façon progressive. Il faut d'abord maîtriser les pliages de base pour ensuite apprendre à créer des formes de plus en plus complexes. Attention! La règle d'or est de ne pas coller ni découper le papier. La forme la plus célèbre en *origami* est la grue, un animal emblématique du Japon symbolisant la fidélité et la longévité. La légende veut que quiconque plie mille grues de papier verra son vœu exaucé!

Un livre intitulé *Comment fabriquer mille grues*, paru en 1797, offre à ses lecteurs un diagramme de pliage qui permet de confectionner une guirlande de 99 grues à partir d'une seule feuille de papier!

CERTAINS ÉRUDITS DE L'ORIGAMI PARVIENNENT À CRÉER LEURS MODÈLES SUR DES BOUTS DE PAPIER AUSSI INUSITÉS QUE DES TICKETS DE MÉTRO.

À 82 ans, un Japonais du nom de Akira Naito est parvenu à plier une grue dans un carré de 0,1 mm². Pour atteindre son but qui était de concevoir la plus petite grue du monde, il dut utiliser du film plastique au lieu du papier ainsi qu'un microscope, bien entendu. Toutes les parties du corps de l'oiseau respectaient parfaitement les proportions d'une vraie grue.

Heureusement que la concentration de monsieur Naito ne s'était pas envolée !

C'est plus compliqué que je ne le pensais !

VOL PLIÉ

Bien évidemment, le modèle d'*origami* préféré des dragouilles est l'avion en papier. Elles prennent un malin plaisir à ramasser de vieux morceaux de papier et à les transformer en avions qu'elles lancent du haut des toits. Elles recommencent leur manège jusqu'au moment où elles réussissent à faire atterrir leur engin dans une poubelle ou un bac de recyclage. Des heures de plaisir !

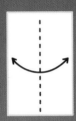

1. Plie la feuille de papier dans le sens de la longueur et fais-lui ensuite reprendre sa forme initiale.

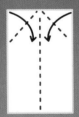

2. Plie les coins hauts gauche et droit et rabats-les à l'intérieur le long du pli central de manière à former deux triangles.

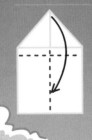

3. À un centimètre au-dessous des deux triangles, plie la partie du haut en couchant la pointe sur le pli central.

4. Plie les coins hauts gauche et droit et rabats-les sur le pli central.

 5. Relève la pointe en la pliant sur les deux nouveaux triangles obtenus.

 6. Plie ton travail en deux le long de la ligne centrale.

 7. Plie chaque aile de l'extérieur vers la ligne de séparation du centre.

L'AVION EST PRÊT POUR UN LONG VOL PLANÉ.

Leçon
de décoration

AU JAPON, DE NOUVELLES MODES SE CRÉENT À CHAQUE INSTANT. POUR SUIVRE LE COURANT, LES JAPONAIS RESTENT À L'AFFÛT DES DERNIÈRES TENDANCES ET DES NOUVEAUTÉS.

À Tokyo, certains jeunes ne manquent pas d'originalité. Les différents styles qui constituent ce que l'on appelle « la mode de rue » ne manquent pas de faire tourner des têtes.

Un de ces styles se nomme « décora ». Il s'agit de superposer plusieurs couches de vêtements; chandails, chaussettes, jupes, pantalons, etc. Le tout doit être agencé avec finesse pour créer une allure tout à fait originale.

Les vêtements peuvent être confectionnés à la main, récupérés dans la garde-robe de sa grand-mère ou chez les brocanteurs. Le rose doit dominer dans les tenues et les coloris complémentaires doivent être joyeux et vifs.

Ce qui caractérise encore davantage le style « décora » est l'utilisation excessive d'accessoires. Ici, la retenue n'est pas la bienvenue ! Pour être vraiment dans le coup, il faut porter beaucoup de bracelets, colliers, bijoux de plastique, badges, écussons, sans oublier les sacs originaux qui complètent bien le « décor ».

Dans les cheveux, la couleur est aussi de mise. Extensions de cheveux en laine, mèches colorées, nattes et petits objets de plastique contribuent à donner un petit air complètement capilo-disjoncté !

La barrette à cheveux est assurément l'accessoire principal, la frange étant l'endroit idéal pour en mettre en profusion. Le style «décora» plaît énormément à la branchée puisqu'elle maîtrise parfaitement l'art de se garnir la patate !

Oh! Il y a beaucoup de vent aujourd'hui!

On peut vraiment dire que je suis dans le vent!

LES BONSAÏS

Les bonsaïs ne sont pas des arbres génétiquement petits. Ils sont miniaturisés et cultivés en pots grâce à des techniques de taille et de rempotage particulières. La culture du bonsaï est un art. Les maîtres de cette pratique parviennent à faire de ces petits arbres de véritables sculptures vivantes. Le plus vieux bonsaï connu serait un *Pinus paviflora* datant de l'an 1500 qui est exposé au Takagi Bonsai Museum de Tokyo.

VIVE LES
JOURS DE PLUIE

Au Japon, dès que le ciel commence à cracher quelques gouttes, les gens sortent leur parapluie. Ils ont l'habitude de se faire surprendre par de fortes averses et celui qui a laissé son bouclier rétractable à la maison risque de prendre une bonne douche. À Tokyo, on ne met donc pas le bout du nez dehors sans d'abord s'informer du temps qu'il fera.

Le parapluie jetable fait de plastique transparent est le plus fréquemment utilisé au Japon. Mais, attention ! À Tokyo, il est hors de question d'entrer quelque part avec son parapluie mouillé qui dégouline sur le plancher. Les Tokyoïtes le dépose soigneusement dans un porte-parapluies situé à l'entrée des immeubles. Comme les parapluies se ressemblent, il est fréquent de se faire dérober le sien. Pour remédier à la situation, plusieurs commerçants installent un dispositif de verrouillage à parapluies dans leur établissement.

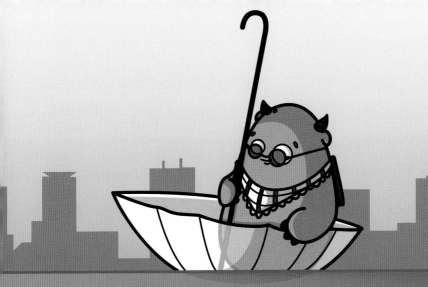

Si le parapluie transparent permet de voir devant soi, il pose néanmoins un problème écologique. Étant donné qu'il ne coûte presque rien, les gens le jettent aussitôt que les nuages se sont dissipés. Résultat, les poubelles de la ville débordent de ces objets devenus encombrants.

D'ingénieux étudiants de Tokyo ont réglé ce problème en fondant une association du nom de *Shibukasa* qui a pour mission de récupérer les parapluies abandonnés pour ensuite les prêter.

Au lieu d'acheter un parapluie, on peut donc en emprunter un gratuitement à l'un des comptoirs de l'association. De plus, lorsqu'on le rapporte, on reçoit une monnaie spéciale qui donne droit à des rabais dans certains commerces.

De quoi aimer les jours de pluie, n'est-ce pas ?

« BONJOUR! JE M'APPELLE SAYA.»

LE JAPON EST L'AMI INCONTESTÉ DES ROBOTS !

En effet, la robotique est plus présente dans l'industrie japonaise que nulle part ailleurs dans le monde. On connaît bien les bras robotisés pouvant visser ou clouer, mais le rêve que chérissent les Japonais est celui de créer des humanoïdes.

C'est pour cette raison que depuis quinze ans, le professeur Hiroshi Ishiguro de l'université de Tokyo développe, avec son équipe, un robot très spécial. Il s'agit de Saya, un spécimen de robot humanoïde unique en son genre. Son crâne d'acier a été recouvert d'une mince couche de latex fabriquée à partir du moulage du visage d'une jeune étudiante. Sous le latex, un appareillage de dix-huit muscles artificiels permet à Saya d'exprimer six émotions : la surprise, la crainte, la colère, la joie, la tristesse et le dégoût. Sa voix est projetée à partir d'un haut-parleur installé dans son soutien-gorge.

Des élèves d'une école primaire de Tokyo ont eu la surprise de leur vie en rencontrant leur nouvelle maîtresse. Eh oui ! Il s'agissait bien de Saya, une humanoïde venue faire un stage d'expérimentation dans leur classe.

Ce robot-prof peut prendre les présences et donner des exercices à faire. Saya parle plusieurs langues et connaît pas moins de 700 mots. Elle peut même réprimander les élèves en donnant des ordres comme « silence ! » et « tais-toi ! ».

Les élèves qui ont reçu la visite de Saya disent avoir aimé leur expérience.

Il n'en demeure pas moins que, pour le moment, les capacités de cet unique robot enseignant demeurent limitées. Il ne peut pas courir, danser, jouer au ballon ou démontrer de l'affection pour ses élèves. C'est bien embêtant ! On peut donc dire qu'il y a encore du pain sur la planche pour le professeur Ishiguro.

Et toi ? Aimerais-tu avoir Saya comme enseignante ?

La tour de Tokyo

Entourée de gratte-ciel, la tour de Tokyo, construite en 1958, domine le ciel avec ses 333 mètres de hauteur. Ne te rappelle-t-elle pas une autre grande structure de métal? Tu as raison, elle ressemble à la tour Eiffel de Paris puisqu'elle a été construite selon le même modèle que sa cousine parisienne.

D'après toi, laquelle des deux tours chatouille le ciel de plus près? Eh bien, il s'agit de la tour nipponne qui dépasse la belle Eiffel de 9 mètres (antennes comprises). La tour de Tokyo est blanc et rouge et ne pèse que 4 000 tonnes, tandis que la tour Eiffel est plus grassouillette avec ses 7 300 tonnes.

La tour nipponne possède deux plateformes d'observation auxquelles on peut accéder par des ascenseurs. De son sommet, on peut admirer toute la ville de Tokyo sur 360 degrés. Lorsqu'il fait beau, il est même possible d'apercevoir le mont Fuji.

Devinettes

1) QUEL EST LE SPORT LE PLUS FLUIDE DU JAPON ?

2) AU JAPON, COMMENT APPELLE-T-ON L'ASCENSEUR ?

3) QUE DIT UN JAPONAIS QUAND IL MANQUE SON COUP ?

4) QUELLE EST LA LETTRE PRÉFÉRÉE DES JAPONAIS DANS L'ALPHABET FRANÇAIS ?

5) QUE RÉPOND UN JAPONAIS LORSQU'ON LUI DEMANDE COMMENT IL A TROUVÉ SON REPAS ?

6) POURQUOI MON VOISIN JAPONAIS NE GARE-T-IL PAS SA VOITURE DANS MON GARAGE ?

7) QUE SE DISENT DEUX CHIENS AU JAPON ?

8) QUE DIT UN JAPONAIS QUI ESSAIE DE PRENDRE UNE PHOTO DE SON AMI ?

1) LE JUDO (JUS - D'EAU) 2) EN APPUYANT SUR LE BOUTON 3) C'EST UN CAS RATÉ (KARATÉ) 4) LE T (THÉ) 5) C'ÉTAIT NIPPON IN MAUVAIS 6) PARCE QU'YAMAMOTO 7) JAPPONS 8) TAKAPABOUGER

CHARADE

MON PREMIER EST UN ADJECTIF POSSESSIF FÉMININ
MON DEUXIÈME EST LE CONTRAIRE DE DUR
MON TROISIÈME EST UNE VOIE FERRÉE

MON TOUT EST UN ANCIEN GUERRIER JAPONAIS

RÉPONSE : SA - MOU - RAIL (SAMOURAÏ)

SURVOL

Une dragouille vient de survoler cette étrange forme.

DEVINE DE QUOI IL S'AGIT.

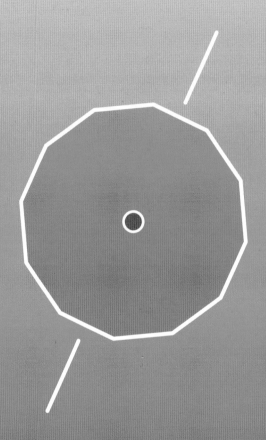

Le défi de la geek

D'après toi, qui des deux est le plus fort ? Toi ou la feuille de papier ?

Pour relever le défi, il te faut :

— une feuille de papier de n'importe quelle dimension

— tes biceps de champion !

Fais appel au sumo en toi et tente de plier une feuille en deux, puis encore en deux, 10 fois de suite.

As-tu réussi ?
Combien de fois as-tu été capable de plier la feuille ?

ASTUCE :

Chaque fois que l'on plie la feuille de papier, on double son épaisseur. Lorsqu'elle a été pliée 7 fois, cela lui donne 128 épaisseurs ! Il devient alors impossible de plier la feuille une 8e fois.

Bien évidemment, avec une feuille de papier grande comme une piscine olympique et très mince, tu parviendrais peut-être à d'autres résultats.

Demande maintenant à tes amis de relever le défi !

FANTAISIES POUR EMPORTER!

LE BENTO EST LE MOT JAPONAIS POUR DÉSIGNER LE « REPAS EMBALLÉ » OU « CASSE-CROÛTE » QUE L'ON MET DANS UNE BOÎTE POUR L'APPORTER AU TRAVAIL OU À L'ÉCOLE.

C'est un peu l'équivalent du repas que tu mets dans ta boîte à lunch. La comparaison s'arrête là, car la confection d'un *bento* relève du domaine de l'art.

Le *bento* est généralement un repas froid composé de riz blanc et de l'*okazu*. L'*okazu* est constitué d'une portion de viande, de poisson, d'œufs cuits ou de tofu et d'une portion de légumes ou de fruits. Le tout est présenté en petits morceaux, dans des compartiments séparés. Comme le veut la tradition culinaire japonaise, on accorde un très grand soin au choix des couleurs et à l'esthétique de la présentation. Le *bento* se doit d'être aussi attrayant pour les yeux que délicieux pour les papilles.

Une des choses qui caractérisent cette spécialité est sans aucun doute le contenant que l'on nomme le *bentobako*. Il s'agit d'un coffret composé de plusieurs compartiments qui permettent de ne pas mélanger les saveurs. Il en existe de toutes les couleurs, en bois laqué ou en plastique. Les *bentobako* pour enfants sont souvent décorés à l'effigie de leurs dessins animés préférés.

Les mamans confectionnent de jolis *bento* appétissants pour leurs enfants. Certaines d'entre elles prennent même des cours pour réaliser des *bento* d'une grande originalité. Le riz peut alors être compressé avec des moules pour lui faire prendre la forme d'un animal et les légumes peuvent être taillés de façon à devenir de jolies fleurs. Il s'agit de laisser s'exprimer sa créativité !

Le *bento* peut être aussi très romantique. Il semble qu'un *aiso-bento*, un *bento* fait avec amour, peut réussir à charmer l'être aimé !

C'est *bento* fini ?
J'ai faim moi !

Dragobento

TRANSFORME TA BOÎTE À LUNCH EN BENTO DRAGOUILLE D'INSPIRATION JAPONAISE

Pour faire ton *bentobako*, prends un plat de plastique à compartiments. Si tu n'en as pas, utilise n'importe quel plat de plastique et dépose des petits contenants à l'intérieur.

Voici des idées de ce que tu pourrais mettre dans ton *dragobento* :

1. Morceaux de fraises

2. Ballons en tomates cerises

3. Dragouille de riz sur algues

4. Lit de carottes râpées

5. Gouttières de céleri garnies de fromage à la crème

6. Tapis d'entrée en tranches de jambon roulées, nouées avec un fil de céleri

7. Biscuits en forme de tuyaux (achetés à l'épicerie)

Fais une recherche sur Internet en tapant le mot clé « bento » et tu trouveras des tonnes d'idées.

TU AS BESOIN DE :

- Riz à sushi (riz collant)
- 15 ml (3 c. à thé) de vinaigre de riz
- 2 carottes et 2 feuilles de céleri
- 2,5 ml (1/2 c. à thé) de sel
- 1 feuille d'algue à sushi
- 10 ml (2 c. à thé) de sucre

POUR FAIRE UNE DRAGOUILLE QUI « RIZ »

PRÉPARATION

1. Fais cuire le riz en suivant les indications sur le sac.

2. Fais chauffer le vinaigre, le sucre et le sel à feu doux pendant 2 à 3 minutes.

3. Dans un saladier, mets 250 ml (1 tasse) de riz cuit et verse la sauce vinaigrée dessus en mélangeant délicatement.

4. Fais prendre une forme ovale à ton riz (comme une dragouille). Découpe une bande dans la feuille d'algue et fais le tour de ta forme (la largeur de la bande dépendra de l'épaisseur de ta dragouille).

5. Coupe les bouts pointus des carottes et utilise-les pour faire les cornes.

6. Découpe les yeux, la bouche et six griffes dans le reste de ta feuille d'algue.

7. Fais deux petits rouleaux de riz pour les bras et ajoute trois griffes au bout de chacun d'eux.

8. Prends les deux feuilles de céleri et places-en une de chaque côté pour faire les ailes.

LA REBELLE

Cette statuette se nomme *maneki-neko*. Ce chat à la patte levée est un porte-bonheur censé apporter fortune et prospérité.

UN SPORT QUI FAIT LE POIDS!

LE SUMO, UN SPORT

LE SUMO EST UN SPORT ANCESTRAL JAPONAIS DONT LES ORIGINES REMONTENT À PLUS DE 1 000 ANS!

On appelle les lutteurs sumos les *rikishi*, ce qui signifie «spécialiste de la force». Lorsque les lutteurs s'affrontent, ils ne sont vêtus que d'une longue bande de tissu appelée le *mawashi*. Celui-ci passe dans l'entrejambe et s'enroule ensuite autour de la taille. Les cheveux des lutteurs sont lissés avec de l'huile et noués en chignon. Cette coiffure se nomme le *chon mage*.

Les lutteurs ne sont pas classés par poids, comme à la lutte ou à la boxe. Leur masse peut varier entre 70 et 280 kilos. Eh oui, il peut donc arriver qu'un *rikishi* affronte un adversaire qui pèse deux fois plus que lui. Comme le poids est en fait la seule arme du lutteur sumo, celui-ci engloutit près de 10 000 calories par jour! En comparaison, un homme moyen ne doit pas en consommer plus de 2 500.

Les combats de sumo ont lieu dans une arène circulaire appelée le *dohyô*. Avant chaque affrontement, les combattants effectuent différents rituels de purification. Pour chasser les mauvais esprits hors de l'arène, ils frappent très fort sur le sol avec leurs pieds après les avoir levés très haut. Ensuite, ils jettent une poignée de sel sur le *dohyô* et se purifient la bouche en buvant et recrachant de l'eau.

Tu n'as pas peur de te faire plumer ?

POUR REMPORTER UN COMBAT, LA RÈGLE EST SIMPLE.

Il faut réussir à propulser son adversaire hors du cercle ou lui faire toucher le sol par une autre partie du corps que la plante des pieds. Pour y parvenir, les lutteurs peuvent choisir parmi les 83 prises autorisées. Lorsqu'un *rikishi* remporte deux tournois de suite, il est proclamé *yokozuna*, le champion suprême.

Gentils
toutous à louer

AU JAPON, IL Y A UN TRÈS GRAND ENGOUEMENT POUR LES ANIMAUX DOMESTIQUES.

On compterait environ 25 millions de chiens et de chats. Ce qui veut dire que ces animaux sont plus nombreux dans ce pays que les enfants de moins de 15 ans.

En revanche, dans une grande ville comme Tokyo, il est moins facile de posséder un animal domestique qu'ailleurs dans le monde. Les logements sont souvent trop petits et les animaux y sont, la plupart du temps, interdits.

Qu'à cela ne tienne! Pourquoi ne pas combler son besoin de câliner en louant un gentil toutou, le temps d'une promenade? À Tokyo, certaines boutiques proposent à leurs clients de louer un chat ou un chien pour une période d'une heure. Le client part avec l'animal en laisse et le nécessaire pour ramasser les petites crottes. S'il le désire, il peut aussi garder l'animal 24 heures et l'amener à la maison. Cela coûte évidemment plus cher.

Dans le même ordre d'idées, des cafés animaliers ont vu le jour à Tokyo. Dans ces établissements, il est possible de cajoler un animal le temps d'un thé ou d'un café. Drôle de tête-à-tête, n'est-ce pas? Encore heureux qu'il n'y ait pas encore de boutiques de location de petits frères ou petites

au revoir

C'est devant ce bouquet de cerisiers en fleurs que les dragouilles viennent vous saluer et vous inviter à les rejoindre prochainement pour d'autres aventures.

D'ici là, n'oubliez pas de lever les yeux vers le ciel de temps en temps. On ne sait jamais qui pourrait être en train de vous observer !

GLOSSAIRE

Arigato : merci en japonais.

Godzilla : monstre du cinéma japonais.

Humanoïde : être semblable ou comparable à l'homme.

Karaoké : divertissement d'origine japonaise qui consiste à chanter en suivant des paroles affichées sur un écran.

Maneki : inviter ou saluer en japonais.

Neko : chat en japonais.

Nippon, nipponne : du Japon.

Sushi : mets japonais composé de boulettes de riz entourées de poisson cru.

Tokyoïte : habitant de la ville de Tokyo.

Wasabi : racine d'une plante utilisée dans la cuisine japonaise comme condiment. Son goût est extrêmement fort.

LES CRITIQUES SONT UNANIMES...

« C'EST FULL DRÔLE ! »
- KARINE ET MAX

« UN CROISEMENT ENTRE UNE PATATE ET UN DRAGON. BEN VOYONS ! »
- LE PAPA DE MAX

« MES ÉLÈVES DÉVORENT CES LIVRES. JE SUIS CONSTAMMENT OBLIGÉE D'EN RACHETER. »
- ISABEL, UNE ENSEIGNANTE RUINÉE

« À CE QU'IL PARAÎT C'EST PLEIN DE COULEURS, MAIS MOI, JE NE VOIS QUE DU NOIR ET DU BLANC. »

VIENS NOUS VOIR
en Ligne!

BLOGUE, JEUX, IMAGES À COLORIER, FONDS D'ÉCRAN, AVATARS, ETC.

LESDRAGOUILLES.COM

LES ORIGINES

MONTRÉAL

PARIS

TOKYO

DAKAR

SYDNEY

NEW YORK

BARCELONE

NEW DELHI

TUNIS

AUCKLAND

RIO DE JANEIRO

REYKJAVIK

BEIJING

JOHANNESBURG

Catalogage avant publication de Bibliothèque et Archives nationales du Québec et Bibliothèque et Archives Canada

Cyr, Maxim

Les dragouilles

Sommaire: 1. Les origines -- 2. Les bleues de Montréal -- 3. Les jaunes de Paris -- 4. Les rouges de Tokyo.

Pour enfants de 7 ans et plus.

ISBN 978-2-89435-460-5 (v. 1)
ISBN 978-2-89435-461-2 (v. 2)
ISBN 978-2-89435-493-3 (v. 3)
ISBN 978-2-89435-494-0 (v. 4)

I. Gottot, Karine. II. Titre. III. Titre: Les origines. IV. Les bleues de Montréal. V. Titre: Les jaunes de Paris. VI. Titre: Les rouges de Tokyo.

PS8605.Y72D72 2010   jC843'.6   C2009-942530-0
PS9605.Y72D72 2010

Le Conseil des Arts du Canada   SODEC Québec   Patrimoine Canadian
The Canada Council for the Arts   canadien   Heritage

La publication de cet ouvrage a été réalisée grâce au soutien financier du Conseil des Arts du Canada et de la SODEC. De plus, les Éditions Michel Quintin reconnaissent l'aide financière du gouvernement du Canada par l'entremise du Fonds du livre du Canada pour leurs activités d'édition.

Gouvernement du Québec – Programme de crédit d'impôt pour l'édition de livres – Gestion SODEC

ISBN 978-2-89435-494-0

Dépôt légal – Bibliothèque et Archives nationales du Québec, 2010
Dépôt légal – Bibliothèque et Archives Canada, 2010

Éditions Michel Quintin
4770, rue Foster, Waterloo (Québec)
Canada J0E 2N0
Tél.:   450 539-3774
Téléc.: 450 539-4905
editionsmichelquintin.ca

16 - L E O - 5

Imprimé en Chine